CE1 7-8 ans

ers

Bescherelle

Dictées

Valérie Marienval
professeur des écoles

Jean-Jacques Rodes
professeur des écoles

HATIER

Conception graphique : Nadine Aymard
Mise en pages : Nadine Aymard
Illustrations : Marion Billet
Couverture : Pouty Design

 ISBN : 2-218-75063-5

Sommaire

Les textes des dictées et les corrigés des exercices sont placés en milieu d'ouvrage sur des feuillets détachables.

Les dictées se font sur le bloc .

Comment utiliser Bescherelle Dictées

Le cahier

Bescherelle Dictées est une méthode destinée à aider l'enfant à bien intégrer les difficultés principales de la langue française et à savoir les appliquer dans une dictée. Il est donc indispensable de suivre l'ordre proposé, d'abord les exercices, puis la dictée.

Mais bien sûr, il faut **laisser du temps à l'enfant pour que la notion d'orthographe « mûrisse »**. Pour cela, chaque notion est développée progressivement sur une double page, et nous proposons d'y consacrer 1 à 2 séances, voire plus, selon le rythme de l'enfant.

Sur la page de gauche : une règle d'orthographe et une histoire à lire, dont le vocabulaire, choisi soigneusement, correspond à la notion d'orthographe.
Sur la page de droite :
– « Joue avec les mots » : des exercices ludiques reprenant les mots du texte de lecture.
– « Entraîne-toi maintenant » : des exercices plus difficiles pour appliquer ce que l'on a appris.

Les mots ou groupes de mots soulignés sont des pièges ! Ils ne correspondent pas forcément à la notion étudiée, mais l'enfant les retrouvera dans la dictée. Il doit les mémoriser.

Bilan

Au CE1, une rubrique « Bilan » permet régulièrement à l'enfant de réinvestir les notions vues dans les chapitres précédents.

Les corrigés

Tous les exercices sont corrigés sur des feuillets détachables au centre du cahier.

Le bloc

La dictée se fait sur le bloc.
Les textes des 15 dictées se trouvent au centre du cahier, sur des feuillets détachables.
Ces textes sont la suite des histoires lues au début de chaque chapitre.
Des conseils, situés en bas de chaque feuillet, permettent à l'enfant d'acquérir des réflexes de relecture.

Les auteurs

Présentation des personnages

Cinq reporters de Téléjunior vont t'accompagner tout au long de ce cahier :

Suzann
Elle adore la découverte de pays étrangers, la randonnée, les animaux, la nature.

Paul
Il s'intéresse à l'origine des personnes et des lieux, à l'histoire en général.

Maï-Lihn
Elle s'est spécialisée dans les sciences. Elle s'intéresse aussi bien à la physique, qu'à la médecine ou la nature.

Brice
Il préfère les arts. Il aime beaucoup aller voir des spectacles ou écouter des concerts. D'ailleurs, il joue du saxophone. C'est aussi un fou de lecture !

Nadir
Il se passionne pour tous les sports et il ne rate aucun match !

Au travers de leurs reportages, nos cinq héros abordent différents domaines tels que l'histoire, la géographie, les sciences, les arts, le sport. Notre objectif est de conjuguer le travail de l'orthographe et la lecture de textes contenant un apport culturel adapté au niveau des enfants.

1 Mots et liaisons

Orthographe d'usage

Observe la règle

- À l'écrit, on sépare les mots avec un espace :

  Un animal s'est échappé.

- À l'oral, on fait la liaison :

  une image - un objet.

- L'apostrophe s'utilise devant un mot commençant par une voyelle ou la lettre h :

  j'aime - l'habitude.

Lis attentivement le texte

UNE FAMILLE VENUE D'AILLEURS

Pour Téléjunior, Paul enquête chez son voisin, Tchang, d'origine asiatique.
– Tchang, parle-nous de ta famille.
– J'ai deux petits frères, je les adore. Mon papa a rencontré maman quand elle est arrivée du Vietnam avec ses parents.
– C'est en Asie le Vietnam ; pourquoi venaient-ils de si loin ?
– C'était la guerre là-bas. Ils avaient eu très peur. Leur maison avait brûlé. Mon papa, lui, vivait en Alsace. Il n'avait jamais vu d'Asiatiques. Il a trouvé maman très jolie, ils se sont aimés et un peu plus tard, je suis né…

Joue avec les mots

1 Note les liaisons quand tu lis.

Exemple : Je les adore. C'est en Asie. Il a trouvé.

Quand elle est arrivée. Ils avaient eu peur. Il vivait en Alsace.

2 Écris le mot correspondant au dessin.

un ....

l' ....

un ....

l' ....

Entraîne-toi maintenant

Observe bien ce mot piège, tu le retrouveras dans la dictée.

3 Écris le, la, l', les.

.... cousin .... oncle .... enfants .... tante

4 Remets les syllabes dans l'ordre et choisis un déterminant qui convient.

Exemple : ni – ca – mé – que → la mécanique

po – ta – me – hip – po lan – ba – re – çoi

....

5 Corrige ces phrases où l'on a oublié les apostrophes.

1 Je adore la Espagne.

....

2 Pétronille ne a pas écrit la adresse sur la carte.

....

3 Je ai huit ans et je me ennuie quand le ordinateur est en panne.

....

Pour connaître la suite de l'histoire, fais maintenant la dictée 1 sur ton bloc !

2 m devant m, b, p

Orthographe d'usage

Observe la règle

Devant m, b, p, on écrit m au lieu de n :
la campagne - un timbre - l'ombre - emmener.

Sauf : un bonbon, la bonbonnière.

Lis attentivement le texte

TROIS PETITS VEAUX IMPOLIS

« Ici Suzann de Téléjunior.
Je suis en **compagnie** de Jean, le fermier. Il va bientôt **emmener** son troupeau dans la prairie.
Jean, **combien** d'animaux as-tu dans ton troupeau ?
– J'ai vingt-quatre vaches, mais le **nombre** de veaux change souvent, les plus jeunes restent à l'**ombre** dans l'étable. Le soir, ils tètent le lait de leur mère.
– Et les autres ?
– Les veaux nés au **printemps accompagnent** les vaches. Ils broutent l'herbe des prés. Quand ils ont grandi et grossi, on les vend.
– Comment se passe la traite ?
– Des machines, les trayeuses, **pompent** le lait. Avec ce lait, on fabrique du beurre, du fromage, des laitages... »

Joue avec les mots

1 Classe dans le tableau les mots qui sont en gras dans le texte.

em	om
....	....
....	....
....	....

2 Relie les dessins et les mots qui correspondent.

- un champ •
- un timbre •
- la jambe •
- il tremble •
- elle tombe •

Entraîne-toi maintenant

Observe bien ce mot piège, tu le retrouveras dans la dictée.

3 Complète les mots avec an ou am.

une ....bulance   la c.......pagne   méch.......te

4 Complète les mots avec in ou im.

C'est ....possible !   C'est ....prudent !

C'est ....terdit ! mais j'adore ça ! Qu'est-ce que c'est ?

5 Complète avec en ou em.

– Tu s......bles bien triste ce soir !

– Pas triste, seulem.....t inquiète à cause de la t......pête.

– N'aie pas peur, ton papa est prud......t sur la route.

Pour connaître la suite de l'histoire, fais maintenant la dictée 2 sur ton bloc !

3 Les sons é et è

Orthographe d'usage

Observe la règle

Ne confonds pas :

é	è
l'été	après, mauvais
nager	belle, la neige
vous bavardez	la fête

Lis attentivement le texte

L'OURS ET LE PÂTISSIER

Pour Téléjunior, Brice a lu un livre extraordinaire !
Il le raconte devant la caméra :
C'est l'histoire d'un pâtissier et d'une **pâtissière** qui **traversent** une **forêt** pour **livrer** des gâteaux.
C'est la **mauvaise saison**. La **neige** tombe. Ils **peinent** pour **avancer**.
Ils sont **fatigués** et ils pensent que les gâteaux ne seront pas **livrés** pour la **fête** de Noël.
Soudain, un ours **énorme apparaît** ; il a l'**air méchant**. Il va **les attaquer**.
Le pâtissier **baisse** la **tête**, **affolé**. Que va-t-il leur **arriver**... ?

Joue avec les mots

1 Classe huit mots en gras du texte dans les bonnes colonnes.

é	è
pâtissier –	extraordinaire – ....
....	....
....	....

2 Complète la grille.

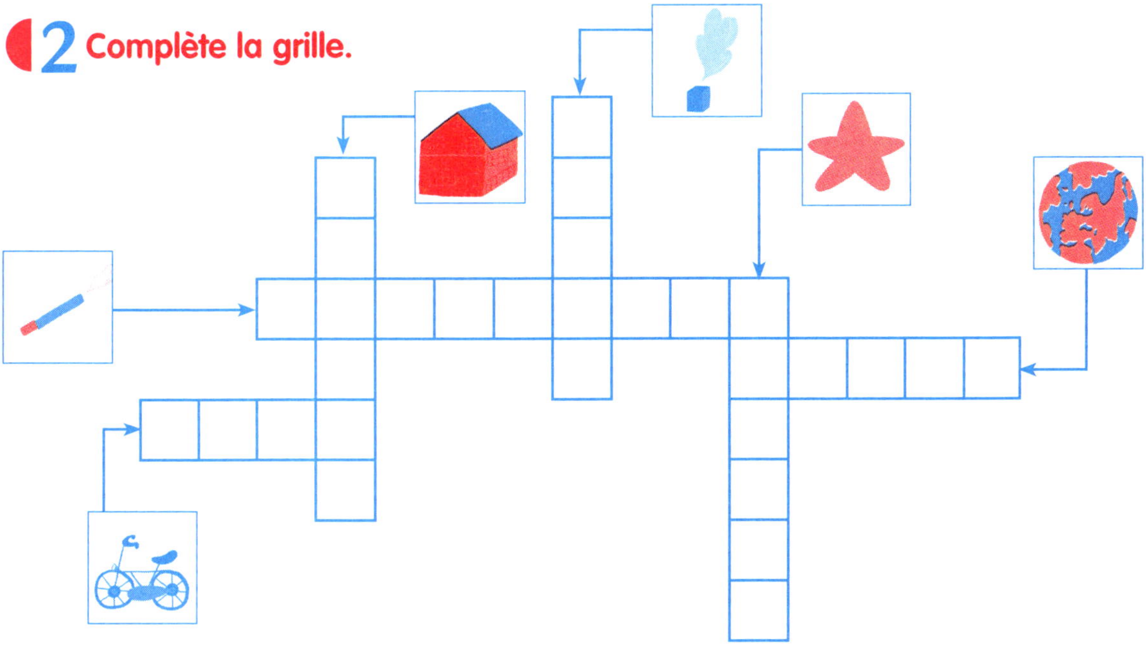

Entraîne-toi maintenant

Observe bien ce mot piège, tu le retrouveras dans la dictée.

3 Colorie les lettres qui font le son é.

le pied	il a mangé	avancer
une idée	assez	le café

4 Chasse l'intrus dans chaque liste (entoure-le).

1 première – la télévision – une baleine – près – vert – la forêt

2 manger – l'année – un cahier – il s'arrête – vous aimez

Pour connaître la suite de l'histoire, fais maintenant la dictée 3 sur ton bloc !

4 La lettre s

Orthographe d'usage

Observe la règle

Avec la lettre s on entend :

(s)
- – au début, dans, ou à la fin des mots :

  un asticot
  un seau, l'as

  – entre deux voyelles, il faut écrire ss : une chaussure.

(z)
- entre deux voyelles :

  la pelouse

( )
- à la fin du mot, s est une lettre muette :

  jamais

Lis attentivement le texte

NADIR CHAUSSE LES SKIS

Aujourd'hui, Nadir rencontre **Lise**. Il l'interroge sur sa vie à la montagne. Elle habite en effet **dans** une **station** de sports d'hiver.

– Combien de **temps** passes-tu sur les pistes chaque **semaine** ?

– Presque **tous** mes **loisirs**. Dès que mes leçons sont **apprises**, je **saute** dans ma combinaison et dans mes chaussures de **ski**.

– Tu as déjà gagné des courses ?

– Oui, **mais** surtout, j'adore **glisser** à toute vitesse.

– Il y a des risques !

– On peut se **casser** une jambe. On nous a appris à sauter les bosses sans tomber.

– Je n'ai jamais skié, tu peux me donner des conseils ?

– Avec **plaisir** !

Joue avec les mots

1 Classe les mots en gras du texte qui contiennent la lettre **s**.

s	z	
....	....	....
....	....	....

2 Complète la grille.

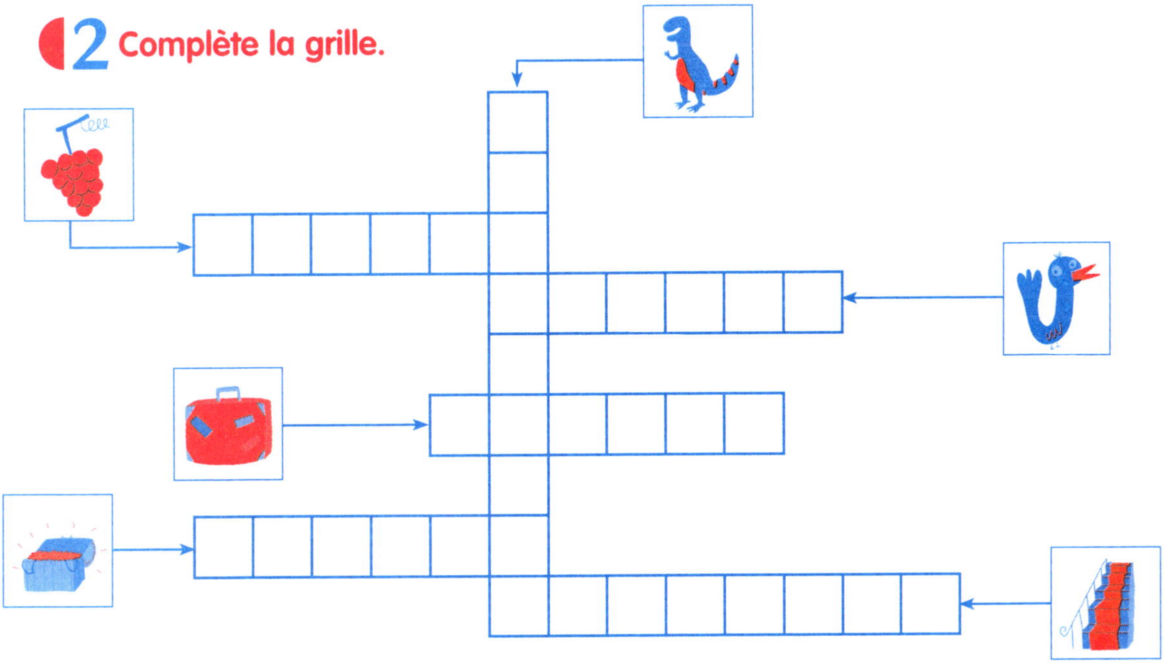

Entraîne-toi maintenant

Observe bien ce mot piège, tu le retrouveras dans la dictée.

3 Complète avec **s** ou **ss**.

.....errées	une bo.....e	les fe.....es	il pa.....e
a.....ez	à l'ai.....e	la mu.....ique	ils se croi.....ent

4 Complète avec **s** ou **ss**.

1 Le petit pou.....in ca.....e .....a coquille.

2 C'est la sai.....on des champignon..... .

3 As-tu donné à manger aux poi.....ons ?

Pour connaître la suite de l'histoire, fais maintenant la dictée 4 sur ton bloc !

5 La lettre g

Orthographe d'usage

Observe la règle

Avec la lettre g on entend :

(g)

• On écrit g ou gu
– g devant a, o, u
et les consonnes l, r :
un gâteau - une glace.

– gu devant e, i :
une guitare.

(j)

• On écrit g devant e, i, y :
le givre.

Lis attentivement le texte

GOUTTE À GOUTTE

Maï-Lihn fait des expériences dans son laboratoire préféré : sa cuisine ! Elle ouvre le robinet et essaie de le boucher avec son pouce.
L'eau gicle de partout !
Ça **dégouline** jusque dans son cou !
Elle place le **goulot** d'une bouteille vide sous le jet pour la remplir.
Elle l'**agite** pour faire des **vagues**.
À ce moment, la Cocotte-Minute se met à siffler. C'est normal : l'eau bout à l'intérieur. De la vapeur sort du petit bouchon, c'est un **gaz**.
Maï-Lihn a soif : dans le **congélateur**, elle trouve des **glaçons**. Ici, l'eau **gèle** et se transforme en **glace**.
Que de choses à expliquer sur Téléjunior!

Joue avec les mots

1 **Classe les mots en gras du texte.**

g	j
goutte –	gicle – ....
....	....
....	....

2 **Mets un signe selon ce que tu entends :** x → g **ou** Δ → j.

☐ une grenouille

☐ plonger

☐ des nuages

☐ des guirlandes

Entraîne-toi maintenant

Observe bien ce mot piège, tu le retrouveras dans la dictée.

3 **Complète les phrases avec les mots proposés.**

grondes – guide – gouttes – glissée

1 Le chien .... les pas de l'aveugle.

2 Quelques .... suffisent pour parfumer la pièce.

3 Pourquoi ....-tu ton fils ?

4 La vipère s'est .... dans l'herbe, jusqu'à la rivière.

4 **Complète avec g ou gu.**

1 La ......rosse bête vit dans une ......rotte.

2 Quel ......rand personna......e ! On dirait un ......éant !

3 Qui ......agnera la course ? Le ......ros éléphant ou la ......êpe ?

4 Rou......e ou bei......e ? Quelle couleur choisir pour mes nouveaux ......ants ?

Pour connaître la suite de l'histoire, fais maintenant la dictée 5 sur ton bloc !

Bilan

1 Reforme les mots.

une reil o le	é lé l' phant	ar un te tis

....

2 Trouve l'intrus et entoure-le.

la bombe

des bonbons

les pompiers

3 Mets le signe qui convient : X → é ou O → è.

☐ un éléphant ☐ la sorcière ☐ un zèbre ☐ le nez

4 Complète les prénoms avec s ou ss.

.....ébastien	.....ophie	Ju.....tine
Éli.....e	Je.....ica	Clovi.....
Bori.....	Mou.....a	Clari.....e

5 Complète la grille.

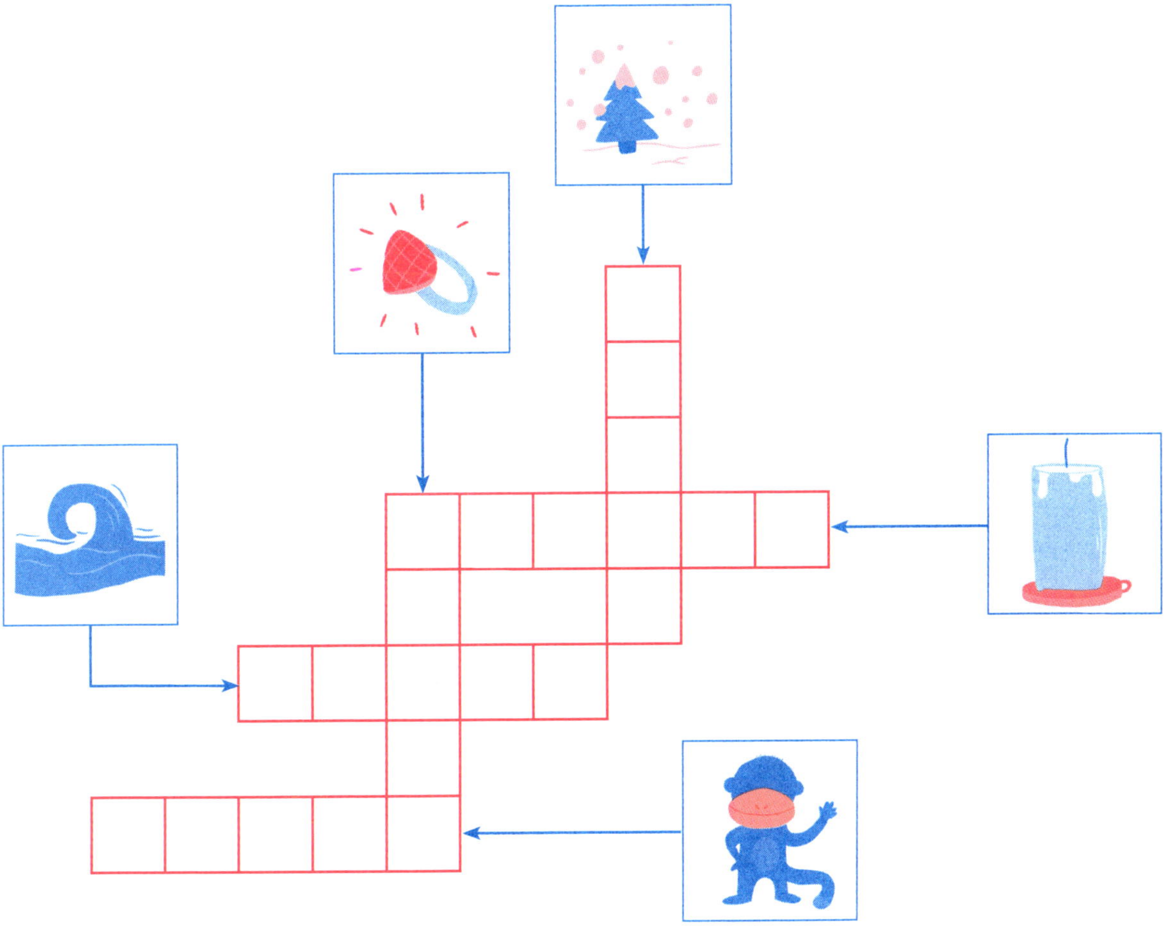

6 Complète en écrivant un mot dans chaque wagon : chaque mot commence par la dernière lettre du mot précédent.

citron – tigre – escargot – éléphant – oncle – tronc

6 a/à – on/ont

Homonymes grammaticaux

Observe la règle

Ne confonds pas :

- a : verbe avoir, tu peux le remplacer par avait.
  à : mot invariable.

Joséphine a un chapeau noir. → Joséphine avait un chapeau noir.
C'est un chapeau à plumes.

- on : pronom personnel, tu peux le remplacer par il ou elle.
  ont : verbe avoir, tu peux le remplacer par avaient.

On peut conduire à seize ans. → Elle peut conduire à seize ans.
Elles ont envie de voyager. → Elles avaient envie de voyager.

Lis attentivement le texte

LA CARTE POSTALE

Paul a trouvé une vieille carte postale.
On y voit une route. Il y a deux voitures, elles ont l'air anciennes. Il y a aussi un homme à cheval. On aperçoit également quelques maisons près de la route. Plus loin, les paysans ont moissonné les champs. C'est la campagne.
Paul retourne la carte : elle a été envoyée à monsieur Pêcheux à Paris. On peut lire la légende de la photo : la nationale 7 à Évry-Petit-Bourg (1925).
Pour Téléjunior, Paul décide d'aller enquêter à Évry dans l'Essonne...

Joue avec les mots

1 Complète les phrases du texte.

Paul .... trouvé.

Il y .... deux voitures. Elles .... l'air anciennes.

Les paysans .... moissonné les champs.

2 Complète avec a, à ou ont.

un sac ...... main

Ils .... un chien.

Il .... gagné.

Entraîne-toi maintenant

3 Remplace par avait quand c'est possible.

Elle a un petit chat.
Elle .... un petit chat.

la machine à laver
la machine .... laver

4 Remplace par avaient quand c'est possible.

Ils ont appelé à l'aide.
Ils .... appelé à l'aide.

On s'ennuie ici !
.... s'ennuie ici !

5 Choisis et entoure.

1 Les enfants *on – ont* apporté des aliments bizarres.
2 *On – Ont* a tout goûté, même la bave de crapaud.
3 Puis *on – ont* a chanté à tue-tête en tapant sur des seaux.
4 Les adultes nous *on – ont* demandé d'arrêter.
5 On *a – à* obéi, on *a – à* trouvé un jeu plus calme.

Pour connaître la suite de l'histoire, fais maintenant la dictée 

sur ton bloc !

7 et/est – ou/où

Homonymes grammaticaux

Observe la règle

Ne confonds pas :

- **est** : verbe être, tu peux le remplacer par **était**.

  et : mot invariable, tu peux le remplacer par **et puis**.

  Ce livre **est** passionnant. → Ce livre **était** passionnant.

  Je m'habille **et** j'arrive. → Je m'habille **et puis** j'arrive.

- **où** : l'endroit, le lieu, le moment.

  ou : tu peux le remplacer par **ou bien**.

  Où cours-tu si vite ? → Vers quel **endroit** cours-tu si vite ?

  Compote **ou** confiture ? → Compote **ou bien** confiture ?

Lis attentivement le texte

OÙ EST SUZANN ?

Pour une émission de Téléjunior, Suzann se cache dans un endroit mystérieux. Elle répond par téléphone à des enfants qui doivent deviner où elle est.

– Suzann, tu es en France ou dans un autre pays ?
– Je suis en France.
– Dans une ville ou dans la nature ?
– Dans la nature.
– Quel temps fait-il, là où tu te trouves ?
– C'est un endroit où il fait froid même en été.
– Il y a de l'herbe et des arbres ?
– Non, seulement de la neige et de la glace.
– Je pense que tu es cachée très haut dans la montagne.
– Oui, c'est le plus haut sommet d'Europe.
– J'ai trouvé ! Au sommet du mont Blanc !
– Tu as gagné, bravo ! Mais le temps se gâte et je dois redescendre...

Joue avec les mots

1 Complète avec les mots du texte :

1 en France ...... dans un autre pays

2 de l'herbe ...... des arbres

3 dans une ville ...... dans la nature

4 de la neige ...... de la glace

2 Trace les flèches pour créer des phrases possibles.

1 Je dessine •	• ou •	• ma musique préférée.
2 La cigale •	• et •	• je colorie ?
3 Le rock •	• où •	• la fourmi sont voisines.
4 Le guide sait •	• est •	• il faut passer.

Entraîne-toi maintenant

Observe bien ce mot piège, tu le retrouveras dans la dictée.

3 Choisis et entoure.

1 La biche *et - est* ses petits trouvent un refuge dans les bois épais.

2 L'aigle *et - est* un rapace qui plane au-dessus de la vallée.

3 Julie *et - est* Morgane cherchent leur chemin dans le brouillard.

4 *Ou - Où* trouve-t-on les plus fortes tempêtes ?

5 Tu préfères jouer à cache-cache *ou - où* te réchauffer les orteils au coin du feu ?

4 Complète avec ou, où, et, est.

1 Je ne sais pas quel déguisement choisir, le clown .... le magicien ?

2 Mon chat .... si doux .... si câlin que tout le monde l'adore !

3 .... est passé ce livre ? Dans la chambre .... dans le bureau ?

Pour connaître la suite de l'histoire, fais maintenant la dictée 7 sur ton bloc !

Bilan

1 Coche les phrases avec une faute et ajoute l'accent sur le **a**.

- ☐ Suzann a oublié son livre.
- ☐ Il a une chance incroyable !
- ☐ L'avion décolle a vingt heures.
- ☐ Mes amis viennent a la maison.

2 Entoure le bon mot.

1 *On – Ont* a choisi de déménager.

2 Les amis *on – ont* été contrariés.

3 *On – Ont* a promis de revenir souvent.

4 Les chevaux *on – ont* peur de l'orage.

3 Complète par **et** ou **est**.

1 Ma grand-mère .... partie en voyage.

2 Cette année, Camille fait de la danse .... du karaté.

3 C'........... l'heure du goûter, Sacha dévore des gâteaux .... du chocolat.

4 Qui .... arrivée la première ? C'........... moi !

4 Entoure **ou** s'il y a une faute et ajoute l'accent sur le **u**.

1 Tu continues **ou** tu t'arrêtes ?

2 Plus tard, dit Sofia, je serai médecin **ou** chanteuse.

3 Romuald va dans un parc **ou** il y a des manèges.

4 **Ou** sont passées mes clés ?

Textes des dictées (à détacher)

1 *Une famille venue d'ailleurs* (p. 6)
Maintenant, j'ai huit ans. J'adore l'Alsace mais je rêve d'aller en Asie. Je veux voir mon oncle et ma tante. Ils ont des enfants, mes cousins.

2 *Trois petits veaux impolis* (p. 8)
Trois petits veaux sortent d'un coin sombre de l'étable. Impossible de les arrêter ! Suzann tombe dans le foin. Ils se sauvent dans la campagne. Suzann se relève. Elle tremble !

3 *L'ours et le pâtissier* (p. 10)
La pâtissière a une idée. Elle donne à l'ours un très gros gâteau. Quand il a mangé, l'ours les aide à avancer dans la neige. Il trace un chemin dans la forêt. Il s'arrête à la première maison du village.

4 *Nadir chausse les skis* (p. 12)
Nadir glisse dans la pente. Il est mal à l'aise. Il passe sur une bosse. Ses chaussures ne sont pas assez serrées. Ses skis se croisent. Il tombe sur les fesses. Lise l'aide à se relever.

5 *Goutte à goutte* (p. 14)
« Je suis maintenant dans une grotte. De grosses gouttes tombent sur ma tête. L'eau des nuages s'est glissée jusque-là. Un bruit me guide vers une petite rivière. Plus loin, une cascade gronde dans le noir. »

6 *La carte postale* (p. 18) **(dictée à trous)**
« Je suis à Évry. On a élargi la nationale 7. C'est une route à quatre voies. Les champs ont disparu. On ne voit que des immeubles. Les voitures ont bien changé aussi. Il y en a beaucoup ! On ne s'entend plus ! Je rentre à la maison ! »

7 *Où est Suzann ?* (p. 20)
« C'est la tempête. Le brouillard est arrivé très vite et je ne sais plus où je suis. Il neige et je me gèle les orteils. Le guide va me conduire à l'abri, dans un refuge ou dans la vallée. Il sait où il faut passer. Heureusement qu'il est là ! »

8 *Maï-Lihn chez le dentiste* (p. 24)
« Les premières dents des enfants tombent. Celles qui repoussent ont des racines profondes. Une dent nouvelle dure toute la vie. Montre-moi tes dents… Tu as de belles dents blanches. Tout va bien ! »

9 *Quel cirque !* (p. 26)
Dans la grande cage, le dompteur fait claquer son long fouet. Mais les bêtes sauvages ne sautent pas dans les flammes ! La tigresse lui lèche la main. La lionne se couche sur le dos comme un gros chat.

10 *Des légumes ou des fleurs* (p. 28)
Chez elle, Maï-Lihn cultive des fleurs. Elle sème les graines et elle arrose. Les plantes poussent, puis les boutons s'ouvrent. Ses voisins admirent son joli jardin.

11 *Animaux d'Afrique* (p. 32)
« Nous sommes dans la forêt tropicale. Nous allons passer sous des arbres géants.
Voici des gorilles : ils crient fort ! Ils ont des drôles de visages. Leurs grimaces sont amusantes.
– Tu as peur ?
– Oui ! Ils sont énormes ! »

12 *Vive la musique !* (p. 34)
Les trois amis décident de jouer ensemble. Brice souffle dans un saxophone. Paul joue de la contrebasse et Nadir chante.
– Nous formons un vrai groupe de jazz ! déclare Brice.
– Vous jouez très bien ! ajoute Suzann qui a écouté.

13 *En avion dans l'orage* (p. 36)
Le voyage finit bien. L'avion atterrit sur la piste. Les passagers applaudissent le commandant.
Mais dehors, il fait très chaud ! Les voyageurs sont en sueur. Ils rougissent. Ils ont soif ! La chaleur les ramollit.

14 *Nous gagnerons !* (p. 38)
Les amis de Nadir joueront en finale ! Nadir pense qu'ils gagneront. Alors, il fêtera la victoire avec eux. Il dansera et il chantera avec toute l'équipe. « Nous serons les champions ! » dit-il.

15 *L'attaque du château fort* (p. 40)
(dictée à trous)
Ici, un ennemi a posé une échelle contre le mur. Il a grimpé jusqu'en haut ! Des soldats l'ont vu. Ils ont repoussé l'échelle. L'attaquant est tombé dans l'eau du fossé. Quelle chute !

Corrigés des exercices

1 Mots et liaisons (p. 7)

1 C'est en Asie. Il a trouvé.
Quand elle est arrivée. Ils avaient eu peur.
Il vivait en Alsace.

2 un avion - l'abeille - un ours - l'étoile.

3 le cousin - l'oncle - les enfants - la tante.

4 Par exemple : un hippopotame - une balançoire.

5 1 J'adore l'Espagne. 2 Pétronille n'a pas écrit l'adresse… 3 J'ai huit ans et je m'ennuie quand l'ordinateur…

2 m devant m, b, p (p. 9)

1 **em** : emmener, printemps. **om** : compagnie, combien, nombre, ombre, accompagnent, pompent.

2 Fais corriger cet exercice par un adulte.

3 une ambulance - la campagne - méchante

4 C'est impossible ! C'est imprudent ! C'est interdit !

5 Tu sembles - seulement - tempête - prudent.

3 Les sons (é) et (è) (p. 11)

1 Huit mots parmi les suivants. **é** : livrer, avancer, fatigués, livrés, énorme, méchant, les attaquer, affolé, arriver.
è : pâtissière, traversent, forêt, mauvaise, saison, neige, peinent, fête, Noël, apparaît, l'air, baisse, tête.

2 MAISON - FUMÉE - ÉTOILE - CIGARETTE - TERRE - VÉLO.

3 le pie**d** - il a mang**é** - avanc**er** - une id**ée** - ass**ez** - le caf**é**.

4 1 la télévision - 2 il s'arrête.

4 La lettre s (p. 13)

1 (s) : station, semaine, saute, ski, glisser.
(z) : Lise, loisirs, apprises, plaisir.
( ) : dans, temps, tous, mais.

2 DINOSAURE - RAISIN - OISEAU - VALISE - TRÉSOR - ESCALIER.

3 serrées - une bosse - les fesses - il passe - assez - à l'aise - la musique - ils se croisent.

4 1 Le petit poussin casse sa coquille.
2 C'est la saison des champignons.
3 As-tu donné à manger aux poissons ?

5 La lettre g (p. 15)

1 (g) : dégouline, goulot, vagues, gaz, glaçons, glace. (j) : agite, congélateur, gèle.

2 x une grenouille - Δ plonger - Δ des nuages - x des guirlandes.

3 1 guide. 2 gouttes. 3 grondes. 4 glissée.

4 1 La grosse bête vit dans une grotte. 2 Quel grand personnage ! On dirait un géant ! 3 Qui gagnera la course ? Le gros éléphant ou la guêpe ? 4 Rouge ou beige ? Quelle couleur choisir pour mes nouveaux gants ?

Bilan (p. 16)

1 une oreille - l'éléphant - un artiste.

2 des bonbons.

3 X un éléphant - O la sorcière - O un zèbre - X le nez.

4 Sébastien - Sophie - Justine - Élise - Jessica - Clovis - Boris - Moussa - Clarisse.

5 BOUGIE - VAGUE - SINGE - BAGUE - NEIGE.

6 oncle - **é**léphant - **t**igre - **e**scargot - **t**ronc - **c**itron.

6 a/à – on/ont (p. 19)

1 Paul a trouvé. Il y a deux voitures. Elles ont l'air anciennes. Les paysans ont moissonné les champs.

2 un sac à main - Ils ont un chien. - Il a gagné.

3 Elle avait un petit chat.

4 Ils avaient appelé à l'aide.

5 1 Les enfants on – ont apporté…
2 On – Ont a tout goûté… 3 Puis on – ont a chanté… 4 Les adultes nous on – ont demandé… 5 On a – à obéi, on a – à trouvé un jeu plus calme.

7 et/est – ou/où (p. 21)

1 1 en France ou dans un autre pays
2 de l'herbe et des arbres 3 dans une ville ou dans la nature 4 de la neige et de la glace.

2 1 Je dessine ou je colorie ? 2 La cigale et la fourmi sont voisines. 3 Le rock est ma musique préférée. 4 Le guide sait où il faut passer.

3 1 La biche et / est ses petits… 2 L'aigle et / est un rapace… 3 Julie et / est Morgane… 4 Ou / Où trouve-t-on…
5 Tu préfères jouer à cache-cache ou / où te réchauffer…

4 1 le clown ou le magicien ? 2 Mon chat est si doux et si câlin … 3 Où est passé ce livre ? Dans la chambre ou dans le bureau ?

Bilan (p. 22)

1 L'avion décolle à vingt heures. Mes amis viennent à la maison.

2 1 [On] – Ont a choisi de déménager.
2 Les amis on – [ont] été contrariés.
3 [On] – Ont a promis de revenir souvent.
4 Les chevaux on – [ont] peur de l'orage.

3 1 Ma grand-mère est partie en voyage.
2 Cette année, Camille fait de la danse et du karaté. 3 C'est l'heure du goûter, Sacha dévore des gâteaux et du chocolat. 4 Qui est arrivée la première ? C'est moi !

4 Romuald va dans un parc [où] il y a des manèges. [Où] sont passées mes clés ?

5 Fais vérifier tes dessins par un adulte.

6 1 Bob écoute sa musique **et** danse au milieu de la salle **à** manger. 2 Ton train part **à** quelle heure ? Je crois qu'il **a** du retard.
3 Tristan et Valentine **ont** trouvé un petit restaurant **où** l'**on** mange… 4 Nous irons au cinéma **ou** au théâtre si maman **est** d'accord… 5 Léa **a** joué pendant que ses frères **ont** travaillé. 6 Je fais du roller dans une allée **où** il n'y a pas de voitures.

7 1 Boire ou conduire. 2 Le corbeau et le renard. 3 Cendrillon est belle et gentille.
4 Un chewing-gum à la menthe. 5 On ira où tu voudras. 6 Il y a des frites à midi.

8 L'accord en nombre dans le groupe nominal (p. 25)

1 les caries - les canines - sept ans - les molaires - des trous profonds - des méchants microbes.

2 une sucette - les cadeaux - la balle - des vélos.

3 des belle**s** dent**s** blanche**s** - les enfant**s** joyeu**x** - des chevau**x** sauvage**s** - des drôle**s** de petit**s** singe**s** - des lutin**s** malicieu**x** - les chant**s** des sirène**s** - ses long**s** cheveu**x** blond**s** - les sapin**s** décoré**s**.

4 1 ses avions - 2 des grandes feuilles - 3 ses amis - des jeux.

9 L'accord en genre dans le groupe nominal (p. 27)

1 **masculin** : un dompteur. **féminin** : une magicienne, une acrobate, des danseuses, l'animatrice.

2 F une maison - F une voiture - M un pantalon - M un clown.

3 la grande cage F - la bête sauvage F - sa crinière F - son long fouet M - la flamme F - un gros chat M - la tigresse F - la lionne F - un menteur M.

4 un avocat célèbre / une avocate célèbre - un grand champion / une grande championne - un Chinois curieux / une Chinoise curieuse.

10 L'accord sujet – verbe (p. 29)

1 **singulier** : Je sème des graines.
Tu les regardes.
pluriel : les petites plantes poussent.
Elles grandissent.

2 1 Elle cultive des fleurs. S.
2 Les boutons s'ouvrent. P.
3 Lucie arrose. S.
4 Ils admirent le jardin. P.

3 1 Elle<u>s</u> parl<u>ent</u> trop. 2 Il<u>s</u> aim<u>ent</u> les glaces.

4 1 <u>La neige</u> **tombe** depuis deux jours.
2 <u>Les enfants</u> **s'amusent** à se lancer des boules de neige.

5 1 Les animaux se cachent…
2 Les élèves dessinent… 3 Martin trouve…
4 Paul et Virginie voyagent…

Bilan (p. 30)

1 Ajoute dans chaque cadre un ou plusieurs bateaux, un ou plusieurs nuages, un ou plusieurs chats.

2 un pommier - une scie - une voiture rouge - la forêt - la sorcière - mon cheval préféré - le crocodile.

3 JUPE - JONGLEUSE - TORTUE - POULE - REINE - FRAISE

4 Ils mangent. Elle téléphone. Il saute. Elles jouent du violon.

5 Les astronautes / partent pour une longue mission. Le jardinier / taille les arbustes. Mes parents / se promènent dans le parc.

11 Présent de être, avoir et aller (p. 33)

1 **être** : C'est la savane. Es-tu contente ? Vous êtes là. **avoir** : Je n'ai pas vu. Ils ont des ennuis. Ils ont peur. **aller** : Nous allons visiter. Ils vont laisser la place.

2 Je suis malade. J'ai la varicelle. Je vais chez le docteur.

3 1 Tu as le plus gros cadeau.
2 Vous avez peur. 3 Ils ont de beaux visages.

4 Ils sont dans les branches. 5 Elle est en retard. 6 Nous sommes malins !

4 1 Tu vas chez le poissonnier ? Non, je vais chez le fromager. 2 Vous allez vous fâcher ? Non, nous allons plutôt en rire.

5 1 Christelle va sous les arbres. 2 Ils ont un ordinateur.

12 Présent des verbes en -er comme chanter (p. 35)

1 Brice propose. Tu aimes. Les trois amis discutent. Vous jouez. Nous adorons. Je joue du saxophone.

2 **je/il/elle** : nage, cache. **tu** : manges, amuses. **ils/elles** : déménagent, chantent.

3 Ils décident. Je/Il déclare. Je/Elle joue. Nous formons. Je/Il souffle.

4 1 Vous admirez cette championne olympique.
2 Les collégiens aiment les habits de marque.
3 Nous collons des affiches pour la fête.
4 Tu décides d'acheter une contrebasse.

5 Ma petite sœur ronfle la nuit, elle me dérange. Je la secoue, mais elle continue de plus belle.

13 Présent des verbes en -ir comme finir (p. 37)

1 Plusieurs passagers pâlissent. Elle jaunit. Je vomis. Nous atterrissons.

2 Il finit bien. Il atterrit sur la piste. Il ramollit. Ils applaudissent le commandant. Ils rougissent.

3 tu réunis. il nourrit. je maigris. elle désobéit. je finis. il réagit. tu envahis.

14 Futur simple (p. 39)

1 Nous irons. Nous serons. Vous serez. Nous passerons. Vous gagnerez. Ils lutteront. Nous marquerons. Il aura.

2 Je serai déguisé en fantôme.
Tu marcheras longtemps avant le pique-nique.
Vous aurez le temps d'apprendre cette chanson. Vous soufflerez les bougies.

3 1 Ils joueront la finale de basket.
2 C'est la meilleure équipe, ils gagneront le match. 3 Il fêtera la victoire. 4 Il pense déjà : « Nous serons les champions ! »

4 1 Chers téléspectateurs, demain, le temps sera beau. 2 Les températures descendront car il n'y aura aucun nuage cette nuit.
3 Dans l'après-midi, un beau soleil brillera sur tout le pays.

15 Passé composé (p. 41)

1 1 Un chevalier a habité ici.
2 L'armée s'est approchée.
3 Les soldats sont montés.

2 Il a posé une échelle contre le mur.
Il est tombé dans l'eau du fossé.
Ils ont vu ce qui se passe.
Ils ont repoussé l'échelle.

3 Tu as attrapé. Tu es devenu. Nous avons appris. Ils sont allés. Nous sommes partis. Il a grimpé.

4 1 J'ai campé cet été.
2 Tu as mangé des crêpes.

5 1 Il a neigé toute la nuit.
2 Les chasse-neige ont nettoyé la route.
3 Le lendemain matin, nous avons pris nos skis. 4 Nous avons skié toute la journée.

Bilan (p. 42)

1 Tu vas aux États-Unis ?
Elle va rendre visite à sa grand-mère.
Elles vont chez le coiffeur.
Nous allons passer sous les arbres.
Vous allez au spectacle.

2 ils décident. il souffle. il joue. il déclare. nous donnons. vous sautez.

3 Je/Tu grossis. Nous réagissons. Il/Elle/On remplit. Ils/Elles guérissent. Vous bâtissez. Ils/Elles avertissent. Il/Elle/On punit. Je/Tu réussis. Vous ralentissez. Nous sommes. Vous avez. Je suis. Tu as. Ils/Elles ont. Vous êtes. Nous avons. Il/Elle/On est. Il/Elle/On a.

4 1 Elle sera équipée pour aller en classe de neige.
2 Tu auras la chance de rencontrer un acteur connu.
3 Nous serons pressés de monter sur le bateau.
4 Cet hiver, j'aurai envie d'aller à la patinoire.
5 Vous serez contents de rentrer à la maison.

5 Il a trouvé un trésor. Le train est arrivé. Les avions ont décollé.

5 Dessine dans le cadre au-dessus de chaque expression.

une boîte à bijoux	du sirop à la menthe	une cuillère à soupe

6 Salade mélangée de a, à, et, est, on, ont, ou, où.

1 Bob écoute sa musique ...... danse au milieu de la salle ...... manger.

2 Ton train part ...... quelle heure ? Je crois qu'il ...... du retard !

3 Tristan et Valentine ...... trouvé un petit restaurant ...... l'...... mange de très bonnes crêpes.

4 Nous irons au cinéma ...... au théâtre si maman ...... d'accord pour nous accompagner.

5 Léa ...... joué pendant que ses frères ...... travaillé.

6 Je fais du roller dans une allée ...... il n'y a pas de voitures.

7 Complète.

1 Boire ...... conduire : il faut choisir.

2 Le corbeau ...... le renard.

3 Cendrillon ...... belle ...... gentille.

4 Un chewing-gum ...... la menthe.

5 On ira ...... tu voudras.

6 Il y ...... des frites ...... midi.

8 L'accord en nombre dans le groupe nominal

Orthographe grammaticale

Observe la règle

singulier ou pluriel ?

- En général, on ajoute un s pour marquer le pluriel des noms.

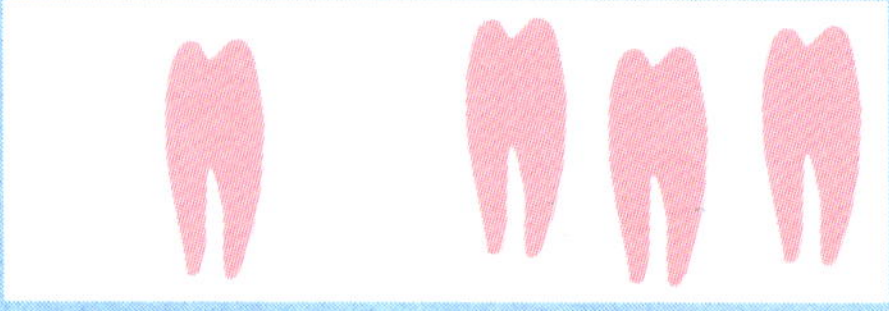

une dent — des dents

- Attention ! Pour certains noms, on ajoute un x pour marquer le pluriel.

le château — les châteaux

- Dans le groupe du nom, l'**adjectif** prend aussi la marque du pluriel : un **petit** village → des **petits** villages.

Lis attentivement le texte

MAÏ-LIHN CHEZ LE DENTISTE

Ce matin, Maï-Lihn rend visite à Marc, qui est dentiste.

– Pouvez-vous me montrer comment vous travaillez ?

– Regarde, Maï-Lihn, je soigne **les caries** de ce grand garçon. C'est Steve, il a **sept ans**. On voit toutes **ses dents** : **les incisives**, **les canines** et **les molaires**. Steve ne se brosse pas les dents après les repas. **Des méchants microbes** ont creusé **des trous profonds** dans ses dents. Ce sont des caries. Il a mal. Il faut nettoyer et reboucher. Attention ! S'il aime trop **les sucreries**, il faudra recommencer.

Joue avec les mots

1 Mets les groupes du nom au pluriel. Aide-toi des mots en gras du texte.

la carie → les .... la canine → les ....

un an → sept .... la molaire → les ....

un trou profond → des ....

un méchant microbe → des ....

2 Observe le dessin et entoure la bonne réponse.

une sucette
des sucettes

le cadeau
les cadeaux

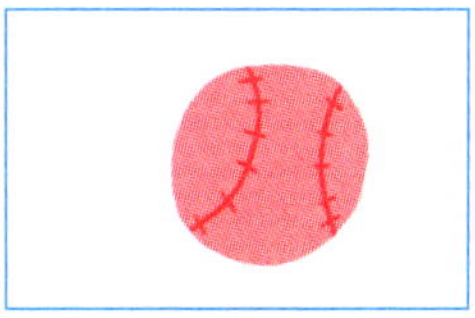

la balle
les balles

un vélo
des vélos

Entraîne-toi maintenant

~~~ Observe bien ce mot piège, tu le retrouveras dans la dictée.

3 Colorie les lettres qui marquent le pluriel.

Exemple : les petites tables

des belles dents blanches

des chevaux sauvages

des lutins malicieux

ses longs cheveux blonds

les enfants joyeux

des drôles de petits singes

les chants des sirènes

les sapins décorés

4 Accorde les mots au pluriel.

1 Tanguy fait décoller ses avion....... de sa fenêtre.

2 Je peins sur des grande....... feuille....... de papier.

3 Mon frère invite ses ami........ pour faire des jeu....... sur l'ordinateur.

Pour connaître la suite de l'histoire, fais maintenant la dictée 8 sur ton bloc !
~~~

9 L'accord en genre dans le groupe nominal

Orthographe grammaticale

Observe la règle

- En général, on ajoute un e pour marquer le féminin d'un nom.

masculin ou féminin ?

un marié une mariée

- Certains noms changent de terminaison au féminin :

un magicien → une magicienne
un spectateur → une spectatrice.

- Dans le groupe du nom, l'**adjectif** s'accorde aussi selon le genre :

le **méchant** sorcier → la **méchante** sorcière.

Lis attentivement le texte

QUEL CIRQUE !

Pour Téléjunior, Brice va voir un spectacle de cirque. À l'entracte, il rencontre les artistes : **une magicienne**, **un dompteur**, le clown Zipo, des jolies **danseuses et une acrobate**.

– Bonjour ! J'adore le cirque et votre spectacle est formidable !
– Merci ! Tous les jours, nous rendons des petites filles joyeuses et des petits garçons heureux. Nous sommes fiers de notre métier !
– Mais comment faites-vous pour ne jamais rater la balle ? demande Brice au jongleur et à la jongleuse.
– Nous nous exerçons beaucoup, voilà tout !
Dans le micro, l'**animatrice**, madame Loyal, annonce déjà la reprise du spectacle.
– Retourne à ta place, Brice, tu vas rater le début.
– Au revoir, merci beaucoup ! Je parlerai de vous dans mon journal !

Joue avec les mots

1 Complète le tableau à l'aide des mots en gras du texte.

masculin		féminin
un magicien	→	....
....	←	une dompteuse
un acrobate	→	....
des danseurs	→	....
l'animateur	→	....

2 Écris le nom sous le dessin, et entoure F (féminin) ou M (masculin).

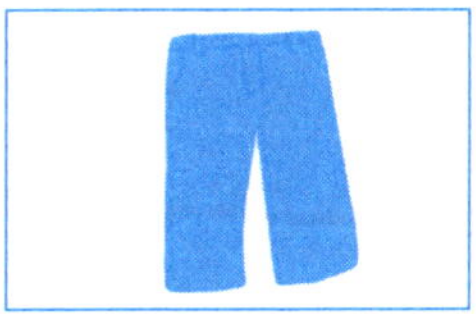

....	....	....	....
F M	F M	F M	F M

Entraîne-toi maintenant

~~~ Observe bien ce mot piège, tu le retrouveras dans la dictée.

3 Indique F = féminin ou M = masculin.

la grande cage ......
son long fouet ......
la tigresse ......
la bête sauvage ......
la flamme ......
la lionne ......
sa crinière ......
un gros chat ......
un menteur ......

4 Relie le masculin et le féminin.

un avocat célèbre •
un grand champion •
un Chinois curieux •

• une grande championne
• une Chinoise curieuse
• une avocate célèbre

Pour connaître la suite de l'histoire, fais maintenant la dictée 9 sur ton bloc !
~~~

10 L'accord sujet – verbe

Orthographe grammaticale

Observe la règle

Le verbe s'accorde toujours avec son sujet.

- Quand le sujet est au singulier, le verbe est au singulier.

Luc (sujet singulier) joue (verbe singulier) au ping-pong.

- Quand le sujet est au pluriel, le verbe est au pluriel.

Les garçons (sujet pluriel) jouent (verbe pluriel) au ping-pong.

- Il faut donc trouver le sujet pour savoir la terminaison du verbe.

On pose la question : Qui est-ce qui... ?

Luc et Antoine jouent au ping-pong.

Qui est-ce qui joue ? Luc et Antoine = sujet pluriel

Lis attentivement le texte

DES LÉGUMES OU DES FLEURS

Maï-Lihn fait la connaissance de Louis, le jardinier. Il **accepte** d'ouvrir les portes de son potager aux caméras de Téléjunior.
Louis **retourne** la terre avec une bêche. Il **a** chaud, il **transpire**.
– Que fais-tu maintenant ?

– Je **sème** des graines. Ici des haricots, là des courgettes, des tomates et aussi des salades.
– Et après ?
– Après, j'**arrose** tous les jours, les petites plantes **poussent**. Elles **grandissent** et elles **donnent** des légumes.
– Tu les **regardes** pousser sans rien faire ?
– Mais non ! J'**attache** les tomates sur des tuteurs, je **repique** les salades...

Joue avec les mots

~~ Observe bien ce mot piège, tu le retrouveras dans la dictée.

1 Complète avec les sujets du texte.

singulier	pluriel
.... sème des graines.	.... poussent.
.... les regardes.	.... grandissent.

2 Écris S quand le sujet est au singulier, P quand il est au pluriel.

1 Elle cultive des fleurs. ......

2 Les boutons s'ouvrent. ......

3 Lucie arrose. ......

4 Ils admirent le jardin. ......

Entraîne-toi maintenant

3 Mets les phrases au pluriel. Souligne ce qui change.

Exemple : Il déménage. → Ils déménagent.

1 Elle parle trop. ....

2 Il aime les glaces. ....

4 Pose la question Qui est-ce qui... ? et souligne le sujet.

1 La neige **tombe** depuis deux jours.

2 Les enfants **s'amusent** à se lancer des boules de neige.

5 Accorde le verbe avec le sujet.

1 (se cacher) Les animaux .... lorsqu'ils entendent du bruit. 2 (dessiner) Les élèves .... une soucoupe volante. 3 (trouver) Martin .... un passage secret dans le château. 4 (voyager) Depuis longtemps, Paul et Virginie .... à travers le monde.

Pour connaître la suite de l'histoire, fais maintenant la dictée 10 sur ton bloc !

Bilan

1 Complète le dessin pour que le mot soit bien écrit.

des bateaux — des nuages — des chats

2 Coche les mots au singulier.

- ☐ un pommier
- ☐ des cerises
- ☐ la forêt
- ☐ les copains
- ☐ une scie
- ☐ les chapeaux
- ☐ la sorcière
- ☐ le crocodile
- ☐ des chansons douces
- ☐ une voiture rouge
- ☐ mon cheval préféré
- ☐ ses rollers neufs

3 Complète la grille.

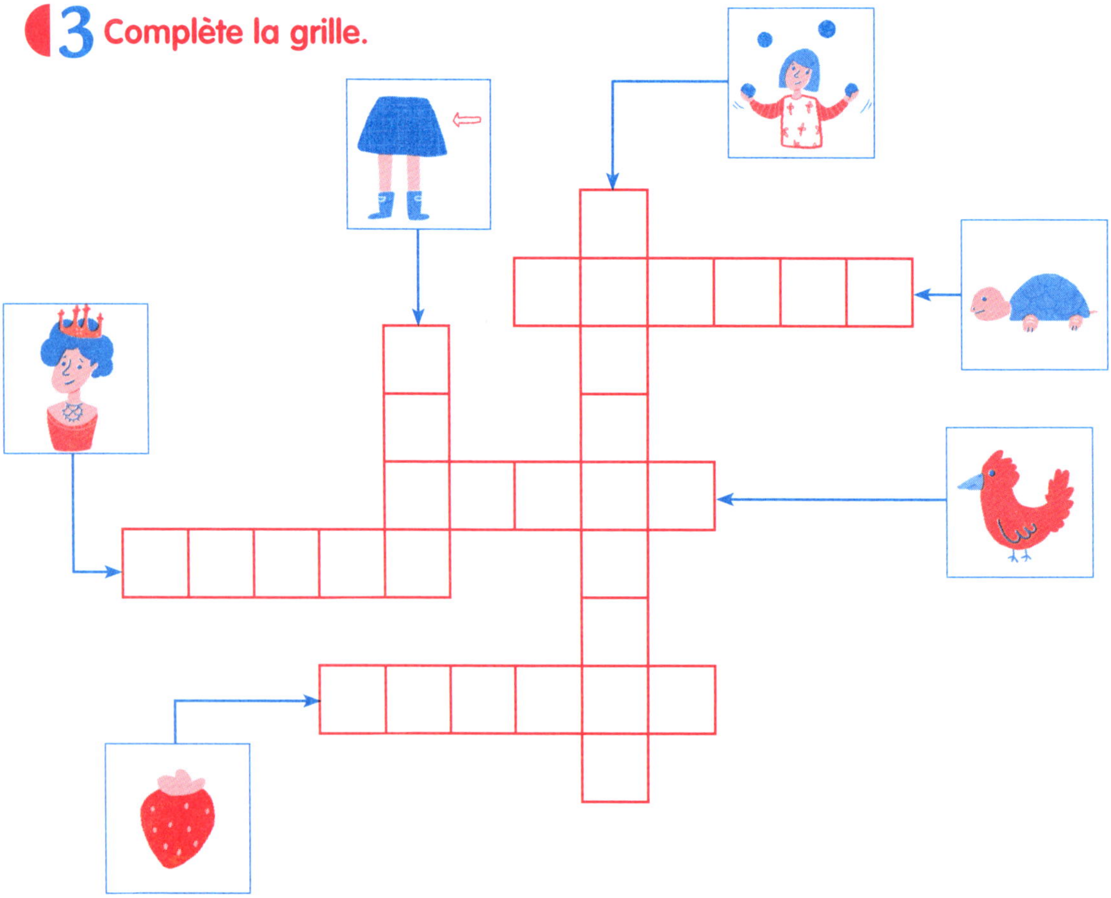

4 Entoure la phrase exacte.

Il mange.

Ils mangent.

Elle téléphone.

Elles téléphonent.

Il saute.

Ils sautent.

Elle joue du violon.

Elles jouent du violon.

5 Relie le verbe à son sujet.

Les astronautes •
L'astronaute •

• partent pour une longue mission.

Le jardinier •
Les jardiniers •

• taille les arbustes.

Ma sœur •
Mes parents •

• se promènent dans le parc.

11 Présent de être, avoir et aller

Conjugaison

Observe la règle

Tu utilises souvent ces trois verbes quand tu parles.
Maintenant, il faut apprendre à les écrire correctement au présent.

être	avoir	aller
je suis tu es il, elle est nous sommes vous êtes ils, elles sont	j'ai tu as il, elle a nous avons vous avez ils, elles ont	je vais tu vas il, elle va nous allons vous allez ils, elles vont

J'ai sept ans, je suis française, je vais à l'école.

Lis attentivement le texte

ANIMAUX D'AFRIQUE

Bonjour ! Ici, Suzann, envoyée spéciale de Téléjunior en Afrique. Nous **allons** visiter une région du Kenya. Ici, c'**est** la savane : une immense plaine avec de grandes herbes. Des zèbres et des antilopes **sont** rassemblés autour de la mare. Ils **sont** en train de boire. Ils **vont** ensuite laisser la place aux lions. Je vais maintenant interroger le gardien du parc :

– Bonjour, Monsieur Simpson, comment **allez**-vous ?
– Très bien, Suzann, et toi ? **Es**-tu contente de ta visite ?
– Oui, mais je n'**ai** pas vu les éléphants.
– Ils **ont** des ennuis avec les chasseurs. Leurs défenses en ivoire **ont** beaucoup de valeur. Alors ils **ont** peur de tout le monde.
– Vous **êtes** là pour les protéger ?
– Oui, et aussi pour guider les visiteurs.
– Je voudrais voir des gorilles, c'est possible ?
– D'accord, **allons** dans la forêt tropicale...

Joue avec les mots

1 Complète à l'aide du texte.

être	avoir	aller
C'............ la savane. ....-tu contente ? Vous .... là.	Je n'............ pas vu. Ils .... des ennuis. Ils .... peur.	Nous .... visiter. Ils .... laisser la place.

2 Écris le verbe sous le dessin.

être avoir aller

Je .... malade. J'........ la varicelle. Je .... chez le docteur.

Entraîne-toi maintenant

Observe bien ce mot piège, tu le retrouveras dans la dictée.

3 Complète avec le pronom qui convient : je, tu, il, elle, nous, vous, ils, elles.

1 .... as le plus gros cadeau.
2 .... avez peur.
3 .... ont de beaux visages.
4 .... sont dans les branches.
5 .... est en retard.
6 .... sommes malins !

4 Complète avec le verbe aller au présent.

1 Tu .... chez le poissonnier ? Non, je .... chez le fromager.
2 Vous .... vous fâcher ? Non, nous .... plutôt en rire.

5 Conjugue avec le nouveau sujet.

1 Nous allons sous les arbres. → Christelle ....
2 Nous avons un ordinateur. → Ils ....

Pour connaître la suite de l'histoire, fais maintenant la dictée 11 sur ton bloc !

12 Présent des verbes en -er comme chanter

Conjugaison

Observe la règle

- je chante, tu chantes, il chante, ils chantent

Attention ! On entend le même son, mais la terminaison ne s'écrit pas pareil suivant la personne.

- nous chantons, vous chantez

Avec nous et vous, le verbe sonne différemment.

Je joue du piano, tu chantes, elle accompagne à la contrebasse, il préfère la batterie, ils réclament un nouveau morceau.

Lis attentivement le texte

VIVE LA MUSIQUE !

Brice **propose** à Paul et Nadir de se rendre à un concert.
Le chef d'orchestre **arrive** sur la scène et les musiciens **s'installent**. Ils **accordent** leurs instruments, puis le chef **demande** le silence.
Le piano **joue** les premières notes, les violons le suivent.
À la fin du concert, les trois amis **discutent** :
– Tu **aimes** la musique classique, Nadir ? **demande** Brice.
– Oui, dans ma famille, nous **adorons** tous la musique.
– Moi, je **préfère** le jazz, dit Paul.
– Et vous **jouez** d'un instrument ?
– Bien sûr, je **joue** du saxophone, et ma sœur **s'entraîne** au piano tous les soirs.
– Alors, rendez-vous samedi prochain avec vos instruments !

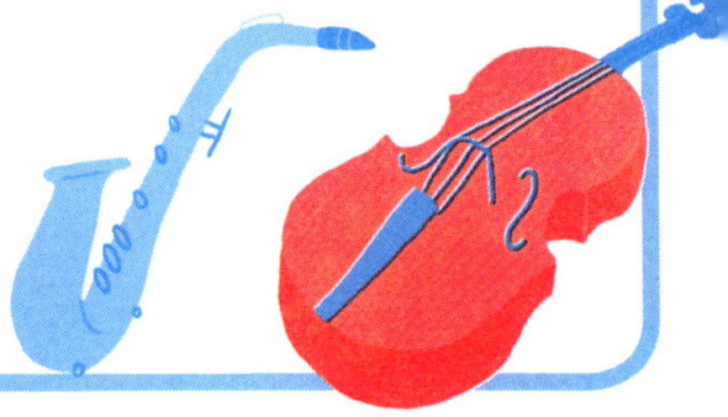

Joue avec les mots

Observe bien ce mot piège, tu le retrouveras dans la dictée.

1 Complète les terminaisons des verbes à l'aide du texte.

Brice propos...... Tu aim...... Les trois amis discut......

Vous joue...... Nous ador...... Je jou...... du saxophone.

2 Range les verbes au bon endroit.

déménagent – manges – nage – chantent – cache – amuses

je / il / elle	tu	ils / elles
....	....	....
....	....	....

Entraîne-toi maintenant

3 Écris le pronom de conjugaison qui convient.

Exemple : Tu voles. .... décident. .... déclare.

.... joue. .... formons. .... souffle.

4 Relie les groupes de mots pour former des phrases.

1 Vous • • décides d'acheter une contrebasse.

2 Les collégiens • • collons des affiches pour la fête.

3 Nous • • aiment les habits de marque.

4 Tu • • admirez cette championne olympique.

5 Conjugue les verbes entre parenthèses.

Ma petite sœur (ronfler) .... la nuit, elle me (déranger) .... Je la (secouer) ...., mais elle (continuer) .... de plus belle.

Pour connaître la suite de l'histoire, fais maintenant la dictée 12 sur ton bloc !

13 Présent des verbes en -ir comme finir

Conjugaison

Observe la règle

- je finis, tu finis, il finit, elle finit

Attention ! On entend le même son, mais la terminaison ne s'écrit pas pareil selon la personne.

- nous finissons, vous finissez, ils finissent, elles finissent

Avec nous, vous et ils, le verbe sonne différemment.

Lis attentivement le texte

EN AVION DANS L'ORAGE

Suzann prend l'avion pour faire un reportage dans l'île de La Réunion.
Le décollage se passe bien. L'avion quitte la France et l'Europe. Il traverse la mer Méditerranée.
Au moment de passer l'équateur, il rencontre un gros orage. Il est secoué dans tous les sens.
Plusieurs passagers **pâlissent**. Suzann **verdit**, puis elle **jaunit**.

– Qu'y a-t-il Suzann ? demande l'hôtesse.
– Donnez-moi un cachet s'il vous plaît ou je **vomis** !
Heureusement, l'orage est passé. Le commandant annonce dans le micro :
– Attachez vos ceintures, nous **atterrissons** dans quelques minutes...

Joue avec les mots

1 Complète à l'aide des mots en gras du texte.

.... pâlissent. .... jaunit.

.... vomis. .... atterrissons.

Entraîne-toi maintenant

Observe bien ce mot piège, tu le retrouveras dans la dictée.

2 Relie ce qui est possible.

Il •

Ils •

• applaudissent le commandant.
• finit bien.
• atterrit sur la piste.
• rougissent.
• ramollit.

3 Complète les verbes, puis la grille.

1 tu réuni… 2 il nourri… 3 je maigri…

4 elle désobéi… 5 je fini… 6 il réagi…

7 tu envahi…

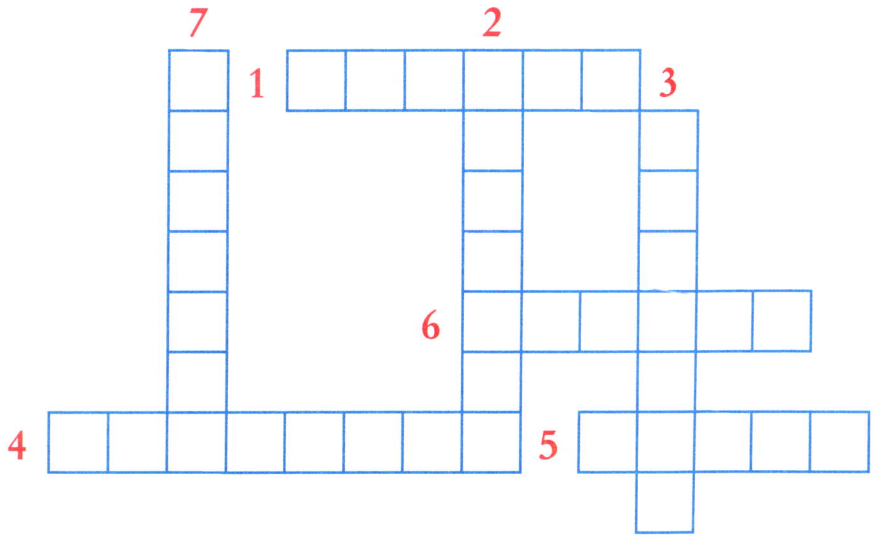

Pour connaître la suite de l'histoire, fais maintenant la dictée 13 sur ton bloc !

14 Futur simple

Conjugaison

Observe la règle

- Au futur, les terminaisons sont les mêmes pour tous les verbes.

verbe en -er	verbe être	verbe avoir
je danserai tu danseras il, elle dansera nous danserons vous danserez ils, elles danseront	je serai tu seras il, elle sera nous serons vous serez ils, elles seront	j'aurai tu auras il, elle aura nous aurons vous aurez ils, elles auront

Dans deux mois, je serai en vacances et je partirai au soleil.

- Dans la plupart des verbes, on retrouve l'infinitif entier + la terminaison du futur.

je mélanger/ai tu finir/as

Lis attentivement le texte

NOUS GAGNERONS !

– Bonjour, ici Nadir de Téléjunior, je suis en compagnie de la fabuleuse équipe des « Paniers Percés ». Et voici son capitaine, Antoine. Antoine, quand le prochain match **aura**-t-il lieu ?

– Mardi. Nous **irons** en car. Nous **jouerons** contre l'école des Myrtilles.

– Vous pensez que vous **gagnerez** ?

– Bien sûr ! Ils **lutteront** jusqu'au bout mais j'espère que nous **serons** les plus forts ! Nous nous **passerons** le ballon le plus vite possible et, si tout va bien, nous **marquerons** beaucoup de paniers. Quand ils **attaqueront**, nous nous **défendrons** !

– Je vois que vous **serez** très motivés.

– Tu **seras** là, Nadir ?

– Oui, je **regarderai** la partie, c'est promis…

Joue avec les mots

1 Complète à l'aide du texte.

Exemple : Ils attaqueront.	.... irons.	.... serons.
.... serez.	.... passerons.	.... gagnerez.
.... lutteront.	.... marquerons.	.... aura.

2 Relie pour former des phrases.

Je •	• aurez le temps d'apprendre cette chanson.
	• serai déguisé en fantôme.
Tu •	• marcheras longtemps avant le pique-nique.
Vous •	• soufflerez les bougies.

Entraîne-toi maintenant

Observe bien ce mot piège, tu le retrouveras dans la dictée.

3 Complète avec les verbes au futur.

gagneront – fêtera – joueront – serons

1 Ils .... la finale de basket.

2 C'est la meilleure équipe, ils .... le match.

3 Il .... la victoire.

4 Il pense déjà : « Nous .... les champions ! »

4 Complète le bulletin météo.

1 Chers téléspectateurs, demain, le temps (être) .... beau. 2 Les températures (descendre) .... car il n'y (avoir) .... aucun nuage cette nuit. 3 Dans l'après-midi, un beau soleil (briller) .... sur tout le pays. Bonsoir à tous !

Pour connaître la suite de l'histoire, fais maintenant la dictée 14 sur ton bloc !

15 Passé composé

Conjugaison

Observe la règle

- Au passé composé, le verbe conjugué est formé de deux mots.

Il	a	regardé	Téléjunior.
	auxiliaire avoir au présent	+ participe passé du verbe	
Il	est	parti.	
	auxiliaire être au présent	+ participe passé du verbe	

J'ai regardé - tu as regardé - il, elle a regardé - nous avons regardé - vous avez regardé - ils, elles ont regardé.

Lis attentivement le texte

L'ATTAQUE DU CHÂTEAU FORT

Paul **a visité** un château fort pour Téléjunior. Il y a très longtemps, un chevalier **a habité** ici avec toute sa famille. Un jour, l'armée du Baron Noir **s'est approchée** du château. Une cloche **a sonné**. Les paysans du village **sont venus** se mettre à l'abri. On **a fermé** les portes. Les soldats **sont montés** sur les remparts. Quand l'ennemi **a attaqué**, ils **ont tiré** des flèches et ils **ont lancé** des pierres. L'armée du Baron Noir **a reculé**.
Paul **a admiré** la vue de la tour, mais ce qu'il **a préféré**, ce sont les armes de la grande salle. Quel dommage de ne pas pouvoir faire parler un vrai chevalier sur Téléjunior !

Joue avec les mots

1 Complète à l'aide des mots en gras du texte.

1 Un chevalier .... habité ici.

2 L'armée s'.................... approchée.

3 Les soldats .... montés.

2 Relie ce qui est possible.

Observe bien ce mot piège, tu le retrouveras dans la dictée.

Il •

Ils •

• ont vu ce qui se passe.

• a posé une échelle contre le mur.

• ont repoussé l'échelle.

• est tombé dans l'eau du fossé.

Entraîne-toi maintenant

Attention ! Regarde bien l'auxiliaire !

3 Complète avec le pronom qui convient.

.... as attrapé .... es devenu .... avons appris

.... sont allés .... sommes partis .... a grimpé

4 Conjugue les phrases avec le nouveau pronom.

1 Tu as campé cet été. → J'..

2 Ils ont mangé des crêpes. → Tu ....

5 Conjugue les verbes entre parenthèses au passé composé.

1 (neiger) Il .... toute la nuit.

2 (nettoyer) Les chasse-neige .... la route.

3 (prendre) Le lendemain matin, nous .... nos skis.

4 (skier) Nous .... toute la journée.

Pour connaître la suite de l'histoire, fais maintenant la dictée 15 sur ton bloc !

Bilan

1 Relie ce qui est possible.

Tu •	• va rendre visite à sa grand-mère.
Elle •	• allez au spectacle.
Elles •	• vas aux États-Unis ?
Nous •	• allons passer sous les arbres.
Vous •	• vont chez le coiffeur.

2 Complète les verbes au présent, puis la grille.

1 ils décid.....

2 il souffl...

3 il jou...

4 il déclar...

5 nous donn......

6 vous saut......

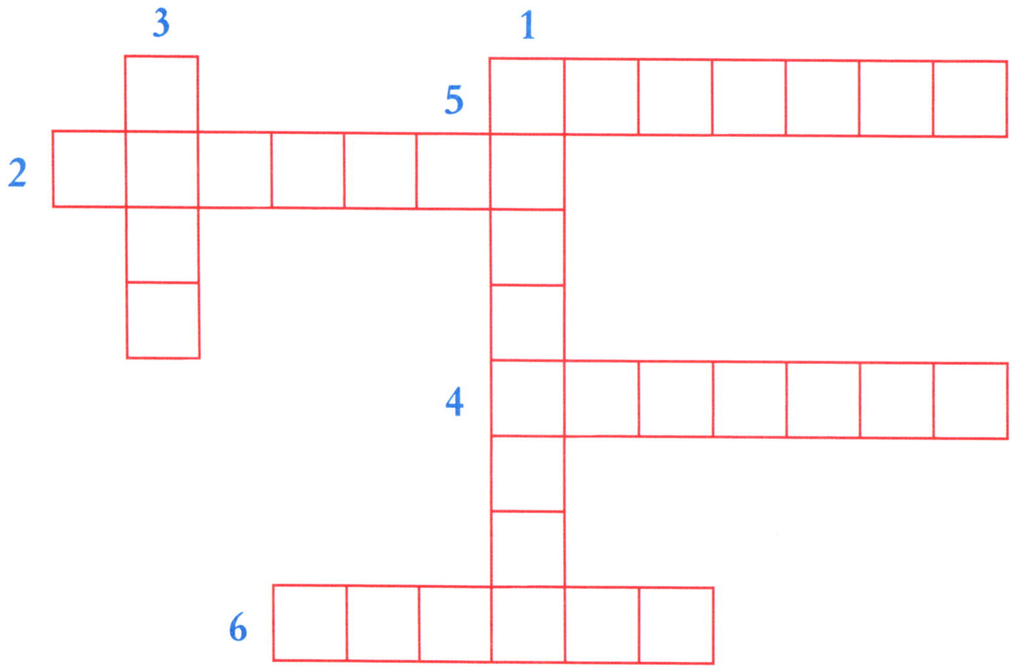

3 Écris le (ou les) pronom(s) de conjugaison qui convien(nen)t.

.... grossis
.... réagissons
.... remplit
.... guérissent
.... bâtissez
.... avertissent
.... punit
.... réussis
.... ralentissez
.... sommes
.... avez
.... suis
.... as
.... ont
.... êtes
.... avons
.... est
.... a

4 Complète avec le verbe **être** ou le verbe **avoir** au futur.

1 Elle .... équipée pour aller en classe de neige.
2 Tu .... la chance de rencontrer un acteur connu.
3 Nous .... pressés de monter sur le bateau.
4 Cet hiver, j'........................ envie d'aller à la patinoire.
5 Vous .... contents de rentrer à la maison.

5 Complète les phrases avec le verbe qui convient.

a trouvé – ont décollé – est arrivé

Il .... un trésor.

Le train ....

Les avions ....

Liste de mots invariables

A
à côté
ailleurs
ainsi
alors
après
assez
au-dessous
au-dessus
aujourd'hui
aussi
autant
autour
autrefois
avant
avec

B
beaucoup
bien
bientôt

C
car
chaque
chez
combien
comme
comment

D
d'abord
dans
dedans
dehors
déjà
demain
depuis
derrière
devant

E
encore
enfin
ensuite
entre
et

H
hier

I
ici

J
jamais
jusqu'à

L
là-bas
loin
longtemps
lorsque

M
maintenant
mais
mieux
moins

P
parce que
parfois
partout
pendant
plusieurs
pour
près
presque
puis

Q
quand

S
sans
seulement
soudain
souvent
sur

T
tard
tellement
tôt
toujours
tout à coup
très
trop

V
vers
vite
voici
voilà
vraiment

Imprimé en France par Hérissey (27000 Évreux) - N° 101917
Dépôt légal n° 73422 - Mai 2006